Das Leben ist bunt!

Henning Löhlein

arsEdition

1 Felicia, a musk rose. 2 Dog rose. 3 Rayon d'or (Pernetiana strain). 4 The Lyons rose (Pernetiana strain). 5 Daily Mail scented rose.
Bess, a single rose. 7 Queen Alexandra rose, a hybrid tea rose. 8 Flamingo, a hybrid tea rose. 9 Arthur R. Goodwin (Pernetiana
strain). 10 Gracilis, a moss rose. 11 Duchess of Atholl, a hybrid tea rose. See page 2436

Komm, ...

... lass uns

Blumen

pflücken gehen!

Oder die **Welt** ...

... von **oben** ansehen.

Über ...

.. Land und Wiesen

springen.

Komm!

Lass uns

Glückspilze

erkunden, ...

... neue
... schöne
... Wege
...
42

finden
...

... und Hindernisse ...

... überwinden.

Manchmal ...

... die **Distanz** bewahren.

Freude ... in dem

Chaos

haben.

22
23
24
25

Komm!!

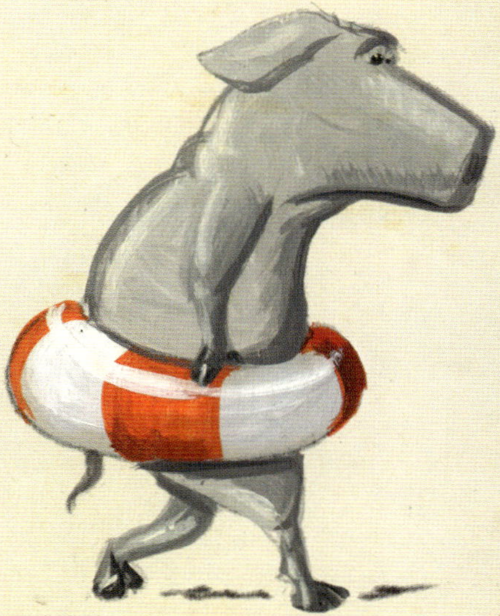

Lass uns ...

... den **Sprung** ins kalte **Wasser** wagen!

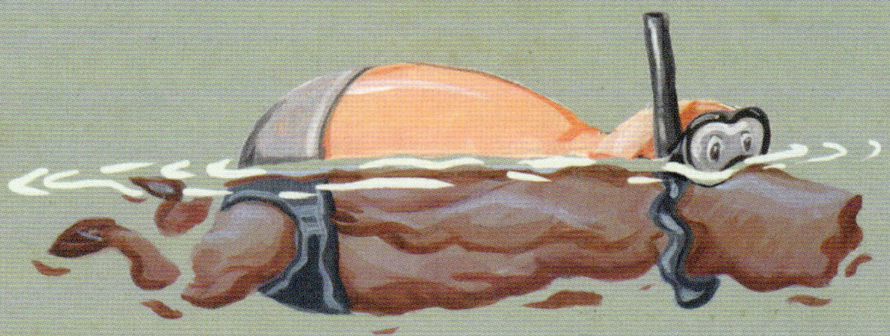

Trotz ein wenig **Unbehagen ...**

7
11
12

... hinein ins bunte

Fischgewimmel und ...

2
5
7

... gegen den **Strom** aus dem **Getümmel**.

Komm! !

Lass uns ...

... Raupen

untersuchen.

Fader **Trübsinn?**

Pustekuchen!

Denn sieh!

Da schlüpft ein ...

... Schmetterling, ...

20
15

... der glücklich sich ...

... durchs Leben schwingt.

1 Felicia, a musk rose. 2 Dog rose. 3 Rayon d'or (Pernetiana strain). 4 The Lyons rose (Pernetiana strain). 5 Daily Mail scented rose.
strain). 10 Gracilis, a moss rose. 11 Duchess of Atholl, a hybrid tea rose. See page 2436
9 Arthur R. Goodwin (Pernetiana
3 Brazilian Violet-ear. 4 Broad-shafted
SOUTHERN
INDIAN OCEAN
Prince Edward Is. (S.Africa)

Text und Illustration: Henning Löhlein
Covergestaltung: arsEdition
Innengestaltung: Henning Löhlein

ISBN 978-3-8458-1519-0
1. Auflage

Printed by Tien Wah Press

www.arsedition.de

FSC
www.fsc.org
MIX
Papier aus verantwortungsvollen Quellen
FSC® C012700

AMUNDSEN SEA
LAND
Chatham Islands
Wellington
Nelson
Christchurch
Westport
South Island
Dunedin
ZEALAND
Invercargill
Stewart I.
Auckland Is.
Campbell I.
Bounty Is.
Antipodes Is.
Balleny Islands
Macquarie Is. (Aus)
Ninnis Glacier
Mertz Glacier
Commonwealth Bay
D'URVILLE SEA
C. Bickerton
Wilkes Coast
Banzare Coast
C. Goodenough
AUST. ANT. TERRITORY
ADELIE LAND (France)
AUSTRALIAN
WILKES LAND
QUEEN MARY LAND